La Guía Definitiva de la dieta DASH de 2021

Sabrosas recetas bajas en sodio para bajar la presión arterial.

Recetas y comidas rápidas, fáciles y deliciosas para todos los días.

Libro de Cocina.

Sally Plancha

Índice

La información que figura en las páginas siguientes se considera en general una exposición veraz y exacta de los hechos y, como tal, toda falta de atención, utilización o uso indebido de la información en cuestión por parte del lector hará que las acciones resultantes queden únicamente bajo su competencia. No hay ningún escenario en el que el editor o el autor original de esta obra pueda ser considerado de alguna manera responsable de cualquier dificultad o daño que pueda ocurrirles después de emprender la información aquí descrita.

Además, la información que figura en las páginas siguientes tiene fines exclusivamente informativos y, por lo tanto, debe considerarse universal. Como corresponde a su naturaleza, se presenta sin garantías sobre su validez prolongada o su calidad provisional. Las marcas comerciales que se mencionan se hacen sin consentimiento escrito y no pueden considerarse en modo alguno como una aprobación del titular de la marca.

Salmón al limón con lima Kaffir

Tiempo de preparación: 15 minutos

Hora de cocinar: 30 minutos

Porciones: 8

Ingredientes:

- Un lado entero de filete de salmón

- 1 limón en rodajas finas

- 2 hojas de cal desgarradas kaffir

- 1 tallo de limoncillo cortado en cuartos y magullado

- 1 ½ tazas de hojas de cilantro fresco

Instrucciones:

1. Calienta el horno a 350 F. Cubre una bandeja de hornear con láminas de aluminio, superponiendo los lados (lo suficiente para doblar el pescado).

2. Ponga el salmón en el papel de aluminio, cubra con el limón, las hojas de lima, el limoncillo y una taza de hojas de cilantro. Opción: sazonar con sal y pimienta.

3. Lleve el lado largo del papel de aluminio al centro antes de doblar el sello. Enrolle los extremos para cerrar el

salmón. Hornee durante 30 minutos. Transfiera el pescado cocido a un plato. Cubrir con cilantro fresco. Sirva con arroz blanco o integral.

Nutrición:

Calorías 103

Proteína 18g

Hidratos de carbono 43,5 g

Grasa 11.8g

Sodio 170mg

Pescado al horno servido con verduras

Tiempo de preparación: 15 minutos

Hora de cocinar: 30 minutos

Porciones: 4

Ingredientes:

- 4 filetes de eglefino o de bacalao, sin piel

- 2 calabacines, cortados en trozos gruesos

- 2 cebollas rojas, cortadas en trozos gruesos

- 3 tomates grandes, cortados en trozos

- ¼ taza de aceitunas negras sin hueso

- ¼ taza de aceite sin sabor (oliva, canola o girasol)

- 1 cucharada de jugo de limón

- 1 cucharada de mostaza de Dijon

- 2 dientes de ajo, picados

- Sal y pimienta para sazonar

- ½ taza de perejil picado

Instrucciones:

1. Calienta el horno a 400 F. En una gran bandeja de hornear, rocía un poco de aceite en el fondo. Coloca el pescado en el medio. Rodea el pescado con el calabacín, el tomate, la cebolla y las aceitunas. Rocíe más aceite sobre las verduras y el pescado. Sazonar con sal y pimienta.

2. Ponga la bandeja de hornear en el horno. Hornee dentro de 30 minutos, o hasta que el pescado esté hojaldrado y las verduras estén tiernas. En otro tazón, bata el jugo de limón, el ajo, la mostaza y el aceite restante. Poner a un lado.

3. Dividir las verduras cocidas en platos, y luego cubrirlas con el pescado. Rocíe el aderezo sobre las verduras, el pescado. Adorne con perejil.

Nutrición:

Calorías 91

Proteína 18.7g

Hidratos de carbono 41g

Grasa 7.6g

Sodio 199mg

El pescado en un parche vegetal

Tiempo de preparación: 15 minutos

Tiempo de cocción: 20 minutos

Porciones: 3

Ingredientes:

- Filete de fletán de una libra, sin piel

- 1 cucharada de aceite sin sabor (de oliva, canola o girasol)

- 1 taza de salsa de tomate

- 1 ½ Cucharadas de salsa Worcestershire

- 2 limones grandes, en su jugo.

- 1 palo de apio, cortado en cubos

- ½ pimiento verde, picado

- Una zanahoria grande, cortada en cubos

- ½ una cebolla, picada

- 1 limón, en rodajas

Instrucciones:

1. Caliente el horno a 400 F. En una pequeña cacerola, combine la salsa de tomate, la salsa Worcestershire y el jugo de limón. Calentar durante 5 minutos.

2. En un plato para hornear poco profundo, rocíe aceite a lo largo del fondo. Coloca las verduras a lo largo del fondo y coloca el pescado sobre las verduras. Vierta la salsa sobre el pescado. Cubrir con papel de aluminio.

3. Hornear el filete durante 15 minutos, o hasta que el pescado esté cocido y escamoso. Saque las verduras, coloque el pescado encima. Adorne el pescado con las rodajas de limón. Servir con arroz blanco o integral.

Nutrición:

Calorías 80

Proteína 18.9g

Hidratos de carbono 62g

Grasa 9g

Sodio 276mg

Bacalao picante

Tiempo de preparación: 15 minutos

Hora de cocinar: 30 minutos

Porciones: 4

Ingredientes:

- 2 libras de filetes de bacalao

- 1 cucharada de aceite sin sabor (de oliva, canola o girasol)

- 2 tazas de salsa baja en sodio

- 2 cucharadas de perejil fresco picado

Instrucciones:

1. Caliente el horno a 350 F. En una gran y profunda fuente para hornear, rocíe el aceite a lo largo del fondo. Coloque los filetes de bacalao en el plato. Vierta la salsa sobre el pescado.

2. Cúbrelo con papel de aluminio durante 20 minutos. Retire el papel de aluminio los últimos 10 minutos de cocción. Hornee en el horno durante 20 o 30 minutos, hasta que el pescado esté hojaldrado. Servir con arroz blanco o integral. Adorne con perejil.

Nutrición:

Calorías 110

Proteína 16.5g

Hidratos de carbono 83g

Grasa 11g

Sodio 186mg

Camarón fácil

Tiempo de preparación: 15 minutos

Tiempo de cocción: 10 minutos

Porciones: 4

Ingredientes:

- Camarones cocidos de 1 libra

- 1 paquete de verduras congeladas mixtas

- 1 diente de ajo, picado

- 1 cucharadita de mantequilla o margarina

- ¼ taza de agua

- 1 paquete de fideos instantáneos con sabor a camarón

- 3 cucharaditas de salsa de soja baja en sodio

- ½ cucharadita de jengibre molido

Instrucciones:

1. En una gran sartén, derretir la mantequilla. Añade el ajo picado y suéltalo durante 1 minuto. Añade las gambas y las verduras a la sartén. Sazonar con sal y pimienta. Cúbrela y déjala cocer a fuego lento de 5 a 10 minutos, hasta que los camarones se vuelvan rosados y las verduras estén tiernas.

2. Hervir el agua en una olla separada. Añadir los fideos. Apagar el fuego, cubrir la olla. Déjalo reposar durante 3 minutos. (Guarda el agua.)

3. Usando una cuchara o pinzas, transfiere los fideos a la sartén con los camarones y las verduras. Revuelva el paquete de condimentos. Mezclar y servir inmediatamente.

Nutrición:

Calorías 80

Proteína 18.9g

Hidratos de carbono 62g

Grasa 9g

Sodio 276mg

Cangrejos azules al vapor

Tiempo de preparación: 15 minutos

Tiempo de cocción: 10 minutos

Porciones: 6

Ingredientes:

- 30 cangrejos azules vivos

- ½ taza de condimento para mariscos

- ¼ taza de sal

- 3 tazas de cerveza

- 3 tazas de vinagre blanco destilado

Instrucciones:

1. En un gran caldero, combine el condimento, la sal, la cerveza y el vinagre blanco. Ponerlo a hervir. Poner cada cangrejo boca abajo, y luego meter un cuchillo en el caparazón justo antes de cocinarlos. Cubrir la tapa, dejando una grieta para que el vapor se ventile.

2. Vaporice los cangrejos hasta que se vuelvan de color naranja brillante y floten hasta la cima. Déjelos cocinarse durante otros 2 o 3 minutos. Sirva inmediatamente.

Nutrición:

Calorías 77

Proteína 9.8g

Hidratos de carbono 31g

Grasa 7g

Sodio 119mg

Salmón de jengibre y sésamo

Tiempo de preparación: 15 minutos

Tiempo de cocción: 5 minutos

Porciones: 2

Ingredientes:

- 4 onzas de salmón

- ¼ taza de salsa de soja baja en sodio

- 2 cucharadas de vinagre balsámico

- ½ cucharadita de aceite de sésamo

- Jengibre en trozos de 2 pulgadas, pelado y rallado

- 1 diente de ajo, picado

- 1 cucharadita de aceite sin sabor (de oliva, canola o girasol)

- 1 cucharadita de semillas de sésamo

- 1 cucharadita de cebolla verde, picada

Instrucciones:

1. En un plato de cristal, combina la salsa de soja, el vinagre balsámico, el aceite de sésamo, el ajo y el

jengibre. Coloca el salmón en el plato. Cúbralo y déjelo marinar de 15 a 60 minutos en la nevera.

2. En una sartén antiadherente, calienta una cucharadita de aceite. Saltear el pescado hasta que esté firme y dorado por cada lado. Espolvorea las semillas de sésamo en la sartén. Calentar durante 1 minuto. Servir inmediatamente. Adorne con cebolla verde.

Nutrición:

Calorías 422

Proteína 10.8g

Hidratos de carbono 5.7g

Grasa 18g

Sodio 300mg

Espaguetis sicilianos con atún

Tiempo de preparación: 15 minutos

Tiempo de cocción: 10 minutos

Porciones: 2

Ingredientes:

- ½ taza de atún fresco, cortado en trozos de ½ pulgadas

- 85 gramos de pasta integral

- ½ cebolla amarilla mediana, en cubitos

- 1 diente de ajo, picado

- ½ cucharadita de pasta de anchoas

- ½ chile chipotle, picado

- 1 taza de tomates frescos, picados

- 1 cucharadita de alcaparras, escurridas y enjuagadas

- 1 taza de espinacas frescas, picadas

- ½ cucharada de mejorana fresca o seca

- 1 cucharadita de aceite sin sabor (de oliva, canola o girasol)

Instrucciones:

1. En una gran sartén, rocíe aceite sobre el fondo. Sudar la cebolla durante 1 minuto. Añade el ajo, la pasta de anchoas y el chile chipotle. Cocine durante 2 minutos.

2. Añade los tomates picados y las alcaparras. Saltee 2 minutos. Añade las espinacas frescas y el atún. Cúbralo y cocine de 2 a 5 minutos hasta que el atún esté cocido. Apague el fuego. Espolvorea la mezcla con la mejorana. Sirva sobre los espaguetis cocidos.

Nutrición:

Calorías 166

Proteína 11g

Hidratos de carbono 112g

Grasa 17.8g

Sodio 304mg

Aves de corral

Parmesano y Pollo Espagueti Calabaza

Tiempo de preparación: 15 minutos

Tiempo de cocción: 20 minutos

Porciones: 6

Ingredientes:

- 16 oz. de mozzarella

- 1 pieza de espagueti de calabaza

- 1 libra de pollo en cubo cocido

- 1 c. de salsa marinara

Instrucciones:

1. Dividir la calabaza en mitades y quitar las semillas. Disponga o ponga una taza de agua en la olla, y luego ponga un trébol encima.

2. Añade las mitades de calabaza a la trébede. Cocine dentro de 20 minutos a alta presión. Retire las calabazas y rállelas con un tenedor en porciones de espagueti.

3. Vierte la salsa sobre la calabaza y dale una buena mezcla. Cúbranlos con el pollo en cubos y encima con mozzarella. Ase durante 1-2 minutos y ase hasta que el queso se haya derretido.

Nutrición:

Calorías: 237

Grasa: 10 g

Carbohidratos: 32 g

Proteína: 11 g

Sodio: 500 mg

Pollo de albaricoque

Tiempo de preparación: 15 minutos

Tiempo de cocción: 6 minutos

Porciones: 4

Ingredientes:

- 1 botella de aderezo francés cremoso

- ¼ c. aceite sin sabor

- Arroz blanco cocido

- 1 tarro grande de conserva de albaricoque

- 4 libras de pollo deshuesado y sin piel

- 1 paquete de sopa de cebolla

Instrucciones:

1. Enjuague y seque el pollo con palmaditas. Cortar en trozos del tamaño de un bocado. En un bol grande, mezclar la conserva de albaricoque, el aderezo cremoso y la mezcla de sopa de cebolla. Revuelva hasta que se mezclen bien. Coloque el pollo en el tazón. Mezcle hasta que se cubra.

2. En una gran sartén, calienta el aceite. Coloca el pollo en el aceite suavemente. Cocina de 4 a 6 minutos por cada lado, hasta que se dore. Servir sobre el arroz.

Nutrición:

Calorías: 202

Grasa: 12 g

Carbohidratos: 75 g

Proteína: 20 g

Azúcares: 10 g

Sodio: 630 mg

Pechugas de pollo fritas al horno

Tiempo de preparación: 15 minutos

Hora de cocinar: 30 minutos

Porciones: 8

Ingredientes:

- ½ pack Ritz crackers

- 1 c. de yogur sin grasa

- 8 pechugas de pollo deshuesadas, sin piel y cortadas por la mitad

Instrucciones:

1. Precaliente el horno a 350 0F. Enjuague y seque las pechugas de pollo. Vierta el yogur en un recipiente poco profundo. Sumerge los trozos de pollo en el yogur, y luego en las migajas de galleta. Coloca el pollo en una sola capa en un plato para hornear. Hornee en 15 minutos por cada lado. Servir.

Nutrición:

Calorías: 200

Grasa: 13 g

Carbohidratos: 98 g

Proteína:19 g

Sodio: 217 mg

Pollo asado al romero

Tiempo de preparación: 15 minutos

Tiempo de cocción: 20 minutos

Porciones: 8

Ingredientes:

- 8 manantiales de romero

- 1 diente de ajo picado

- Pimienta negra

- 1 cucharada de romero picado

- 1 pollo

- 1 cucharada de aceite de oliva orgánico

Instrucciones:

1. En un bol, mezclar el ajo con el romero, frotar el pollo con pimienta negra, el aceite y la mezcla de romero, colocarlo dentro de la bandeja de asar, introducirlo en el horno a 350 0F, y asar durante sesenta minutos y 20 min. Trinchar el pollo, dividirlo entre los platos y servirlo con una guarnición. Disfrutadlo!

Nutrición:

Calorías: 325

Grasa: 5 g

Carbohidratos: 15 g

Proteína:14 g

Sodio: 950 mg

Pollo de alcachofa y espinaca

Tiempo de preparación: 15 minutos

Tiempo de cocción: 5 minutos

Porciones: 4

Ingredientes:

- 10 oz de espinacas para bebés

- ½ cucharadita de copos de pimienta roja triturados

- 14 oz. de corazones de alcachofa picados

- 28 oz. de salsa de tomate sin sal.

- 2 cucharadas de aceite esencial de oliva.

- 4 pechugas de pollo deshuesadas y sin piel

Instrucciones:

1. Calentar una sartén con el aceite a fuego medio-alto, añadir el pollo y las hojuelas de pimiento rojo y cocinar durante 5 minutos en ellas. Añade las espinacas, las alcachofas y la salsa de tomate, revuelve, cocina durante diez minutos más, divide entre los platos y sirve. ¡Disfrutad!

Nutrición:

Calorías: 212

Grasa: 3 g

Carbohidratos: 16 g

Proteína: 20 g

Azúcares: 5 g

Sodio: 418 mg

y frijoles negros de pollo

Tiempo de preparación: 15 minutos

Tiempo de cocción: 25 minutos

Porciones: 4

Ingredientes:

- 1 cucharada de aceite esencial de oliva

- 1 cucharada de cilantro picado

- 1 c. de leche de coco

- 15 onzas de frijoles negros en lata, escurridos

- 1 libra de pechugas de pollo sin piel y sin hueso

- 2 c. agua

- ½ c. carne de calabaza

Instrucciones:

1. Calentar una sartén con aceite a fuego medio-alto, añadir el pollo y cocinarlo durante 5 minutos. Añade el río, la leche, la calabaza y los frijoles negros, tapa la sartén, reduce el fuego a medio y cocina por 20 minutos. Añade el cilantro, revuelve, divide entre los platos y sirve. ¡Disfrutad!

Nutrición:

Calorías: 254

Grasa: 6 g

Carbohidratos: 16 g

Proteína: 22 g

Sodio: 92 mg.

Mezcla de muslos de pollo y manzanas

Tiempo de preparación: 15 minutos

Tiempo de cocción: 60 minutos

Porciones: 4

Ingredientes:

- 3 manzanas sin corazón y en rodajas

- 1 cucharada de vinagre de sidra de manzana de tratamiento

- ¾ c. Jugo de manzana natural

- ¼ cdta. pimienta y sal

- 1 cucharada de jengibre rallado

- 8 muslos de pollo

- 3 cucharadas. Cebolla picada

Instrucciones:

1. En un bol, mezclar el pollo con sal, pimienta, vinagre, cebolla, jengibre y jugo de manzana, mezclar bien, cubrir, guardar en la nevera durante diez minutos, transferir con una bandeja de hornear e incluir las manzanas. Introducir en el horno a 400 oF durante

sólo 1 hora. Dividir entre los platos y servir. ¡Que aproveche!

Nutrición:

Calorías: 214

Grasa: 3 g

Carbohidratos: 14 g

Proteína: 15 g

Sodio: 405 mg

Muslos de pollo tailandeses

Tiempo de preparación: 15 minutos

Tiempo de cocción: 1 hora y 5 minutos

Porciones: 6

Ingredientes:

- ½ c. Salsa de chile tailandés

- 1 manojo de cebollas verdes picadas

- 4 libras de muslos de pollo

Instrucciones:

1. Calienta una sartén a fuego medio-alto. Añade los muslos de pollo, dórelos durante 5 minutos por ambos lados. Transfiérelos a una fuente para hornear, luego añade la salsa de chile y las cebollas de verdeo y mézclalos.

2. Introducirlo en el horno y hornearlo a 4000F durante 60 minutos. Dividir todo entre los platos y servir. ¡Disfrutad!

Nutrición:

Calorías: 220

Grasa: 4 g

Carbohidratos: 12 g

Proteína: 10 g

Sodio: 870 mg

Cayendo "fuera" del pollo de hueso

Tiempo de preparación: 15 minutos

Hora de cocinar: 40 minutos

Porciones: 4

Ingredientes:

- 6 dientes de ajo pelados

- 1 cucharada de aceite de coco orgánico extra virgen

- 2 cucharadas. Jugo de limón

- 1 ½ c. caldo de pollo de hueso orgánico del Pacífico

- ¼ cucharadita de pimienta negra recién molida

- ½ cucharadita de vinagre con sabor a mar

- 1 pieza de pollo orgánico entero

- 1 cdta. de pimentón

- 1 cucharadita de tomillo seco

Instrucciones:

1. Toma un pequeño tazón y echa el tomillo, el pimentón, la pimienta y el vinagre de sabor y mézclalos. Use la mezcla para sazonar el pollo adecuadamente. Vierta el aceite en su olla instantánea y caliéntelo hasta que brille; añada el pollo con la pechuga hacia abajo y déjelo cocinar durante unos 6-7 minutos.

2. Después de los 7 minutos, voltea el pollo y vierte el caldo, los dientes de ajo y el jugo de limón. Cocine dentro de 25 minutos en un lugar alto. Retire el plato de la cocina y déjelo reposar durante unos 5 minutos antes de servir.

Nutrición:

Calorías: 664

Grasa: 44 g

Carbohidratos: 44 g

Proteína:27 g

Azúcares: 0,1 g

Sodio: 800 mg.

Gachas de Pollo con mucha fuerza

Tiempo de preparación: 15 minutos

Hora de cocinar: 30 minutos

Porciones: 4

Ingredientes:

- 1 ½ c. Jengibre fresco

- 1 libra de patas de pollo cocido

- Cebollas verdes

- Anacardos tostados

- 5 c. de caldo de pollo

- 1 taza de arroz jazmín

- 4 c. agua

Instrucciones:

1. Ponga el arroz en la nevera y déjelo enfriar 1 hora antes de cocinarlo. Saca el arroz y añádelo a tu olla instantánea. Vierta el caldo y el agua. Cierre la tapa y cocine en modo Porridge.

2. Separa la carne de las patas de pollo y añade la carne a la sopa. Revuelva bien sobre el modo de saltear. Sazone

con un poco de vinagre de sabor y disfrute con una guarnición de nueces y cebolla

Nutrición:

Calorías: 206

Grasa: 8 g

Carbohidratos: 8 g

Proteína:23 g

Azúcares: 0 g

Sodio: 950 mg

El último pollo de imitación de tisera

Tiempo de preparación: 15 minutos

Hora de cocinar: 35 minutos

Porciones: 5

Ingredientes:

- 1 c. caldo bajo en sodio

- 2 cucharadas de aceite de oliva

- ½ cebolla mediana cuarteada

- 2 cucharadas. Condimento favorito

- 2 ½ lbs. de pollo entero

- Pimienta negra

- 5 dientes grandes de ajo fresco

Instrucciones:

1. Masajea el pollo con una cucharada de aceite de oliva y espolvorea pimienta por encima. Coloca los trozos de cebolla y los dientes de ajo dentro del pollo. Coge un gemelo de carnicero y asegura las patas

2. Ponga su olla en modo Sauté. Ponga aceite de oliva en su olla a fuego medio, deje que el aceite se caliente. Añade el pollo y sírvelo por ambos lados durante 4

minutos por cada lado. Espolvorea el condimento sobre el pollo, retira el pollo y coloca un trébol en el fondo de la olla.

3. Espolvorea el condimento sobre el pollo, asegurándote de frotarlo. Pasa el pollo a la tríbuela con el lado de la pechuga hacia arriba, cierra la tapa. Cocine a ALTA presión durante 25 minutos. Déjelo reposar y sirva!

Nutrición:

Calorías: 1010

Grasa: 64 g

Carbohidratos: 47 g

Proteína:60 g

Sodio: 209 mg

Muslos de pollo de orégano

Tiempo de preparación: 15 minutos

Tiempo de cocción: 20 minutos

Porciones: 6

Ingredientes:

- 12 muslos de pollo

- 1 cucharadita de perejil seco

- ¼ cdta. de pimienta y sal.

- ½ c. aceite esencial de oliva extra virgen

- 4 dientes de ajo picados

- 1 c. orégano picado

- ¼ c. caldo vegetal bajo en sodio

Instrucciones:

1. En tu procesador de alimentos, mezcla perejil con orégano, ajo, sal, pimienta, y caldo y legumbre. Ponga los muslos de pollo dentro del tazón, agregue la pasta de orégano, revuelva, cubra, y luego deje a un lado dentro del refrigerador por 10 minutos.

2. Calienta la parrilla de la cocina a fuego medio, añade los trozos de pollo, cierra la tapa y cocina durante unos

veinte minutos con ellos. ¡Divide entre los platos y
sirve!

Nutrición:

Calorías: 254

Grasa: 3 g

Carbohidratos: 7 g

Proteína: 17 g

Azúcares: 0,9 g

Sodio: 730 mg

Pechugas de pollo al pesto con calabaza de verano

Tiempo de preparación: 15 minutos

Tiempo de cocción: 10 minutos

Porciones: 4

Ingredientes:

- 4 mitades de pechuga de pollo medianas, sin piel y sin hueso.

- 1 cucharada de aceite de oliva

- 2 cucharadas. Pesto casero

- 2 c. calabacín finamente picado

- 2 cucharadas. Asiago finamente triturado

Instrucciones:

1. Cocina el pollo en aceite caliente a fuego medio en 4 minutos en una gran sartén antiadherente. Voltee el pollo y luego ponga el calabacín.

2. Cocine de 4 a 6 minutos más o hasta que el pollo esté tierno y ya no esté rosado (170 F), y la calabaza esté tierna y crujiente, revolviendo la calabaza suavemente una o dos veces. Transfiera el pollo y la calabaza a 4 platos. Esparcir el pesto sobre el pollo; espolvorear con Asiago.

Nutrición:

Calorías: 230

Grasa: 9 g

Carbohidratos: 8 g

Proteína: 30 g

Sodio: 578 mg

Pollo, tomate y judías verdes

Tiempo de preparación: 15 minutos

Tiempo de cocción: 25 minutos

Porciones: 4

Ingredientes:

- 6 onzas de pasta de tomate enlatada baja en sodio

- 2 cucharadas de aceite de oliva

- ¼ cdta. pimienta negra

- 2 libras de judías verdes recortadas

- 2 cucharadas de perejil picado.

- 1 ½ libras de pechugas de pollo deshuesadas, sin piel y en cubos

- 25 onzas de salsa de tomate en lata sin sal añadida

Instrucciones:

1. Calentar una sartén con el 50% del aceite a fuego medio, añadir el pollo, remover, tapar, cocinar dentro de 5 minutos por ambos lados y transferir a un bol. Calentar dentro de la misma sartén mientras se utiliza el resto a través del aceite a fuego medio, añadir las judías verdes, remover y cocinar durante 10 minutos.

2. Devuelva el pollo a la sartén, añada pimienta negra, salsa de tomate, pasta de tomate y perejil, revuelva, tape, cocine durante 10 minutos más, divida entre los platos y sirva. ¡Disfrute!

Nutrición:

Calorías: 190

Grasa: 4 g

Carbohidratos: 12 g

Proteína: 9 g

Sodio: 168 mg

Tortillas de pollo

Tiempo de preparación: 15 minutos

Tiempo de cocción: 5 minutos

Porciones: 4

Ingredientes:

- 6 oz. de pechugas de pollo deshuesadas, sin piel y cocidas
- Pimienta negra
- 1/3 c. de yogur sin grasa
- 4 tortillas de trigo integral calentadas
- 2 tomates picados

Instrucciones:

1. Calentar una sartén a fuego medio, añadir una tortilla en esos momentos, calentar y colgarlas en la superficie de trabajo. Esparcir yogur en cada tortilla, añadir pollo y tomates, enrollar, dividir entre los platos y servir. Que aproveche!

Nutrición:

Calorías: 190

Grasa: 2 g

Carbohidratos: 12 g

Proteína: 6 g

Sodio: 300 mg.

Pollo con patatas, aceitunas y brotes

Tiempo de preparación: 15 minutos

Hora de cocinar: 35 minutos

Porciones: 4

Ingredientes:

- 1 libra de pechugas de pollo, sin piel, sin huesos y cortadas en trozos.

- ¼ taza de aceitunas, en cuartos

- 1 cucharadita de orégano

- 1 ½ cucharadita de mostaza de Dijon

- Un jugo de limón.

- 1/3 taza de aliño de vinagreta

- 1 cebolla mediana, picada

- 3 tazas de patatas cortadas en trozos

- 4 tazas de coles de Bruselas, recortadas y cortadas en cuartos.

- ¼ cucharadita de pimienta

- ¼ cucharadita de sal

Instrucciones:

1. Caliente el horno a 400 F. Coloque el pollo en el centro de la bandeja de hornear, luego coloque las papas, los brotes y las cebollas alrededor del pollo.

2. En un pequeño tazón, mezclar la vinagreta, el orégano, la mostaza, el jugo de limón y la sal y verterlo sobre el pollo y las verduras. Espolvorea las aceitunas y sazona con pimienta.

3. Hornee en un horno precalentado durante 20 minutos. Transfiera el pollo a un plato. Revuelva las verduras y áselas durante 15 minutos más. Servir y disfrutar.

Nutrición:

Calorías: 397

Grasa: 13g

Proteína: 38,3 g

Carbohidratos: 31.4g

Sodio 175 mg.

Ajo Champiñón Pollo

Tiempo de preparación: 15 minutos

Tiempo de cocción: 15 minutos

Porciones: 4

Ingredientes:

- 4 pechugas de pollo, deshuesadas y sin piel

- 3 dientes de ajo, picados

- 1 cebolla, picada

- 2 tazas de champiñones, en rodajas

- 1 cucharada de aceite de oliva

- ½ taza de caldo de pollo

- ¼ cucharadita de pimienta

- ½ cucharadita de sal

Instrucciones:

1. Sazonar el pollo con pimienta y sal. Calentar el aceite en una sartén a fuego medio, luego poner el pollo sazonado en la sartén y cocinarlo durante 5-6 minutos por cada lado. Quítelo y colóquelo en un plato.

2. Añade la cebolla y los champiñones a la sartén y saltéalos hasta que estén tiernos, unos 2-3 minutos. Añade el ajo y saltéalo durante un minuto. Añada el caldo y deje que hierva. Revuelva bien y cocine por 1-2 minutos. Vierta sobre el pollo y sirva.

Nutrición:

Calorías: 331

Grasa: 14.5g

Proteína: 43.9g

Carbohidratos: 4.6g

Sodio 420 mg

Pollo a la parrilla

Tiempo de preparación: 15 minutos

Tiempo de cocción: 15 minutos

Porciones: 4

Ingredientes:

- 4 pechugas de pollo, sin piel y sin hueso

- 1 ½ cucharadita de orégano seco

- 1 cucharadita de pimentón

- 5 dientes de ajo, picados

- ½ taza de perejil fresco, picado

- ½ taza de aceite de oliva

- ½ taza de jugo de limón fresco

- Pimienta

- Sal

Instrucciones:

1. Añade jugo de limón, orégano, pimentón, ajo, perejil y aceite de oliva a una bolsa grande con cierre. Sazone el pollo con pimienta y sal y añádalo a la bolsa. Sellar la

bolsa y agitar bien para cubrir el pollo con el adobo. Deje reposar el pollo en el adobo durante 20 minutos.

2. Saque el pollo del adobo y áselo a la parrilla a fuego medio-alto durante 5-6 minutos por cada lado. Sirva y disfrute.

Nutrición:

Calorías: 512

Grasa: 36.5g

Proteína: 43.1g

Carbohidratos: 3g

Sodio 110mg

Deliciosa ensalada de pollo al limón

Tiempo de preparación: 15 minutos

Tiempo de cocción: 5 minutos

Porciones: 4

Ingredientes:

- 1 libra de pechuga de pollo, cocida y cortada en cubos.
- 1 cucharada de eneldo fresco, picado
- 2 cucharaditas de aceite de oliva
- 1/4 de taza de yogur bajo en grasa
- 1 cucharadita de cáscara de limón, rallada
- 2 cucharadas de cebolla, picada
- ¼ cucharadita de pimienta
- ¼ cucharadita de sal

Instrucciones:

1. Ponga todos sus accesorios en el gran tazón de mezcla y mézclelos bien. Sazone con pimienta y sal. Cúbralo y colóquelo en el refrigerador. Servir frío y disfrutar.

Nutrición:

Calorías: 165

Grasa: 5.4g

Proteína: 25.2g

Carbohidratos: 2.2g

Sodio 153mg

Pollo saludable Orzo

Tiempo de preparación: 15 minutos

Tiempo de cocción: 15 minutos

Porciones: 4

Ingredientes:

- 1 taza de orzo de trigo entero

- 1 libra de pechugas de pollo, en rodajas

- ½ cucharadita de copos de pimiento rojo

- ½ taza de queso feta, desmenuzado

- ½ tsp orégano

- 1 cucharada de perejil fresco, picado

- 1 cucharada de albahaca fresca, picada

- ¼ taza de piñones

- 1 taza de espinacas picadas

- ¼ copa de vino blanco

- ½ taza de aceitunas, en rodajas

- 1 taza de tomates uva, cortados por la mitad

- ½ cucharada de ajo, picado

- 2 cucharadas de aceite de oliva

- ½ cucharadita de pimienta

- ½ cucharadita de sal

Instrucciones:

1. Añade agua en una pequeña cacerola y ponla a hervir. Calienta una cucharada de aceite de oliva en una cacerola a fuego medio. Sazonar el pollo con pimienta y sal y cocinarlo en la sartén durante 5-7 minutos por cada lado. Retíralo de la cacerola y déjalo a un lado.

2. Añada el orzo en agua hirviendo y cocine de acuerdo con las instrucciones del paquete. Calentar el aceite de oliva restante en una sartén a fuego medio, luego poner el ajo en la sartén y saltear durante un minuto. Añade el vino blanco y los tomates cherry y cocina a fuego alto durante 3 minutos.

3. Añade el orzo cocido, las especias, las espinacas, los piñones y las aceitunas y revuelve hasta que estén bien combinados. Añade el pollo encima del orzo y espolvorea con queso feta. Sirva y disfrute.

Nutrición:

Calorías: 518

Grasa: 27.7g

Proteína: 40.6g

Carbohidratos: 26.2g

Sodio 121mg

Limón Ajo Pollo

Tiempo de preparación: 15 minutos

Tiempo de cocción: 12 minutos

Porciones: 3

Ingredientes:

- 3 pechugas de pollo, cortadas en rodajas finas

- 2 cáscaras de limón, ralladas

- ¼ taza de aceite de oliva

- 4 dientes de ajo, picados

- Pimienta

- Sal

Instrucciones:

1. Calienta aceite de oliva en una sartén a fuego medio. Añade el ajo a la sartén y saltéalo durante 30 segundos. Ponga el pollo en la sartén y saltéelo en 10 minutos. Añade la cáscara de limón y el jugo de limón y ponlo a hervir. Retire del fuego y sazone con pimienta y sal. Servir y disfrutar.

Nutrición:

Calorías: 439

Grasa: 27.8g

Proteína: 42.9g

Carbohidratos: 4.9g

Sodio 306 mg

Pollo simple del Mediterráneo

Tiempo de preparación: 15 minutos

Tiempo de cocción: 15 minutos

Porciones: 12

Ingredientes:

- 2 pechugas de pollo, sin piel y sin hueso

- 1 ½ taza de tomates uva, cortados por la mitad

- ½ taza de aceitunas

- 2 cucharadas de aceite de oliva

- 1 cucharadita de condimento italiano

- ¼ cucharadita de pimienta

- ¼ cucharadita de sal

Instrucciones:

1. Sazone el pollo con condimento italiano, pimienta y sal. Caliente el aceite de oliva en una sartén a fuego medio. Añade el pollo sazonado a la sartén y cocínalo de 4 a 6 minutos por cada lado. Transfiera el pollo a un plato.

2. Ponga los tomates y las aceitunas en la sartén y cocine de 2 a 4 minutos. Vierta la mezcla de aceitunas y tomates sobre el pollo y sirva.

Nutrición:

Calorías: 468

Grasa: 29.4g

Proteína: 43.8g

Carbohidratos: 7.8g

Sodio 410 mg

Muslos de pollo asado

Tiempo de preparación: 15 minutos

Tiempo de cocción: 55 minutos

Porciones: 4

Ingredientes:

- 8 muslos de pollo

- 3 cucharadas de perejil fresco, picado

- 1 cucharadita de orégano seco

- 6 dientes de ajo, aplastados

- ¼ alcaparras de taza, drenadas

- 10 onzas de pimientos rojos asados, en rodajas

- 2 tazas de tomates de uva

- 1 ½ lbs. de patatas, cortadas en pequeños trozos

- 4 cucharadas de aceite de oliva

- Pimienta

- Sal

Instrucciones:

1. Caliente el horno a 200 400 F. Sazone el pollo con pimienta y sal. Calentar 2 cucharadas de aceite de oliva en una sartén a fuego medio. Añade el pollo a la sartén y sírvelo hasta que se dore ligeramente por todos los lados.

2. Transfiere el pollo a una bandeja de horno. Añade tomate, patatas, alcaparras, orégano, ajo y pimientos rojos alrededor del pollo. Sazone con pimienta y sal y rocíe con el resto del aceite de oliva. Hornee en el horno precalentado durante 45-55 minutos. Adorne con perejil y sirva.

Nutrición:

Calorías: 848

Grasa: 29.1g

Proteína: 91.3g

Carbohidratos: 45.2g

Sodio 110 mg

Pechuga de pavo del Mediterráneo

Tiempo de preparación: 15 minutos

Hora de cocinar: 4 minutos y 30 minutos

Porciones: 6

Ingredientes:

- 4 libras de pechuga de pavo

- 3 cucharadas de harina

- ¾ taza de caldo de pollo

- 4 dientes de ajo, picados

- 1 cucharadita de orégano seco

- ½ zumo de limón fresco

- ½ taza de tomates secados al sol, picados

- ½ taza de aceitunas, picadas

- 1 cebolla, picada

- ¼ cucharadita de pimienta

- ½ cucharadita de sal

Instrucciones:

1. Añada pechuga de pavo, ajo, orégano, jugo de limón, tomates secos, aceitunas, cebolla, pimienta y sal a la olla de cocción lenta. Añadir la mitad del caldo. Cocine a fuego alto dentro de las 4 horas.

2. Bata el resto del caldo y la harina en un bol pequeño y añádalo a la olla de cocción lenta. Cubrir y cocinar durante 30 minutos más. Sirva y disfrute.

Nutrición:

Calorías: 537

Grasa: 9.7g

Proteína: 79.1g

Carbohidratos: 29.6g

Sodio 330 mg

Pollo con alcaparras de oliva

Tiempo de preparación: 15 minutos

Tiempo de cocción: 16 minutos

Porciones: 4

Ingredientes:

- 2 libras de pollo
- 1/3 taza de caldo de pollo
- Alcaparras de 3.5 onzas
- 6 oz de aceitunas
- 1/4 de taza de albahaca fresca
- 1 cucharada de aceite de oliva
- 1 cucharadita de orégano
- 2 dientes de ajo, picados
- 2 cucharadas de vinagre de vino tinto
- 1/8 cucharadita de pimienta
- 1/4 cucharadita de sal

Instrucciones:

1. Ponga aceite de oliva en su olla instantánea y ponga la olla en modo de saltear. Añade el pollo a la olla y saltéalo durante 3-4 minutos. Añada el resto de los ingredientes y revuelva bien. Sellar la olla con la tapa y seleccionar manual, y ajustar el temporizador durante 12 minutos. Sirva y disfrute.

Nutrición:

Calorías: 433

Grasa: 15.2g

Proteína: 66.9g

Carbohidratos: 4.8g

Sodio 244 mg

Pollo con setas

Tiempo de preparación: 15 minutos

Tiempo de cocción: 6 horas y 10 minutos

Porciones: 2

Ingredientes:

- 2 pechugas de pollo, sin piel y sin hueso

- 1 taza de champiñones, en rodajas

- 1 cebolla, en rodajas

- 1 taza de caldo de pollo

- 1/2 cucharadita de tomillo, seco

- Pimienta

- Sal

Instrucciones:

1. Añade todos los ingredientes a la olla de cocción lenta.
   Cocine a fuego lento dentro de las 6 horas. Sirva y
   disfrute.

Nutrición:

Calorías: 313

Grasa: 11.3g

Proteína: 44,3g

Carbohidratos: 6.9g

Sodio 541 mg

Pollo al horno

Tiempo de preparación: 15 minutos

Hora de cocinar: 35 minutos

Porciones: 4

Ingredientes:

- 2 lbs. de carne de pollo.

- 1 calabacín grande

- 1 taza de tomates de uva

- 2 cucharadas de aceite de oliva

- 3 ramitas de eneldo

Para la cubierta:

- 2 cucharadas de queso feta, desmoronado

- 1 cucharada de aceite de oliva

- 1 cucharada de jugo de limón fresco

- 1 cucharada de eneldo fresco, picado

Instrucciones:

1. Caliente el horno a 200 C/ 400 F. Rocíe el aceite de oliva en una bandeja de hornear, luego coloque el pollo, el calabacín, el eneldo y los tomates en la bandeja. Sazonar con sal. Hornee el pollo en 30 minutos.

2. Mientras tanto, en un pequeño tazón, revuelve todos los ingredientes de la cubierta. Coloca el pollo en la bandeja de servicio, luego cubre con vegetales y desecha las ramitas de eneldo. Espolvorea la mezcla de cobertura sobre el pollo y las verduras. Sirva y disfrute.

Nutrición:

Calorías: 557

Grasa: 28.6g

Proteína: 67.9g

Carbohidratos: 5.2g

Sodio 760 mg

Ajo Pimienta Pollo

Tiempo de preparación: 15 minutos

Tiempo de cocción: 21 minutos

Porciones: 2

Ingredientes:

- 2 pechugas de pollo, cortadas en tiras

- 2 pimientos, cortados en tiras

- 5 dientes de ajo, picados

- 3 cucharadas de agua

- 2 cucharadas de aceite de oliva

- 1 cucharada de pimentón

- 2 cucharaditas de pimienta negra

- 1/2 cucharadita de sal

Instrucciones:

1. Calienta el aceite de oliva en una cacerola grande a fuego medio. Añade el ajo y saltéalo durante 2-3 minutos. Añada los pimientos y cocine durante 3 minutos. Añada el pollo y las especias y revuelva para cubrir. Añada agua y revuelva bien. Deje que hierva.

Cubrir y cocinar a fuego lento durante 10-15 minutos. Sirva y disfrute.

Nutrición:

Calorías: 462

Grasa: 25.7g

Proteína: 44,7g

Carbohidratos: 14.8g

Sodio 720 mg

a la mostaza

Tiempo de preparación: 15 minutos

Tiempo de cocción: 20 minutos

Porciones: 4

Ingredientes:

- Una libra de pollo.

- 2 cucharadas de estragón fresco, picado

- 1/2 taza de mostaza de grano entero

- 1/2 cucharadita de pimentón

- 1 diente de ajo, picado

- 1/2 oz de jugo de limón fresco

- 1/2 cucharadita de pimienta

- 1/4 cucharadita de sal kosher

Instrucciones:

1. Caliente el horno a 425 F. Añada todos los ingredientes
   excepto el pollo al tazón grande y mézclelos bien. Ponga
   el pollo en el tazón, luego revuelva hasta que esté bien
   cubierto. Ponga el pollo en un plato para hornear y
   cúbralo. Hornee dentro de 15-20 minutos. Sirva y
   disfrute.

Nutrición:

Calorías: 242

Grasa: 9.5g

Proteína: 33,2g

Carbohidratos: 3.1g

Sodio 240 mg

Salsa Chili de Pollo

Tiempo de preparación: 15 minutos

Tiempo de cocción: 20 minutos

Porciones: 8

Ingredientes:

- 2 1/2 libras de pechugas de pollo, sin piel y sin hueso.

- 1/2 cucharadita de polvo de comino

- 3 dientes de ajo, picados

- 1 cebolla, cortada en cubitos

- 16 onzas de salsa

- 1 cucharadita de orégano

- 1 cucharada de aceite de oliva

Instrucciones:

1. Añade aceite a la olla instantánea y pon la olla en modo de saltear. Añade la cebolla a la olla y saltéala hasta que se ablande, unos 3 minutos. Añada el ajo y saltee durante un minuto. Añada el orégano y el comino y saltee durante un minuto. Añada la mitad de la salsa y revuelva bien. Coloca el pollo y vierte el resto de la salsa sobre el pollo.

2. Sellar la olla con la tapa y seleccionar manual, y ajustar el temporizador para 10 minutos. Retire el pollo y desmenuce. Muévelo de nuevo a la olla, y luego revuélvelo bien para combinarlo. Sirva y disfrute.

Nutrición:

Calorías: 308

Grasa: 12.4g

Proteína: 42.1g

Carbohidratos: 5.4g

Sodio 656 mg

Pollo con corteza de miel

Tiempo de preparación: 10 minutos

Tiempo de cocción: 25 minutos

Porciones: 2

Ingredientes:

- 1 cucharadita de pimentón

- 8 galletas saladas, 2 pulgadas cuadradas

- 2 pechugas de pollo, cada una de 4 onzas

- 4 cucharaditas de miel

Instrucciones:

1. Ponga el horno a calentar a 375 grados F. Engrase una bandeja de hornear con aceite de cocina. Rompa las galletas en una bolsa Ziplock y métalas con pimentón en un tazón. Cepille el pollo con miel y añádalo a las galletas.

2. Mezcla bien y transfiere el pollo a la bandeja de hornear. Hornee el pollo durante 25 minutos hasta que se dore. Sírvelo.

Nutrición:

Calorías 219

Grasa 17 g

Sodio 456 mg

Carbohidratos 12,1 g

Proteína 31 g

Paella con pollo, puerros y estragón

Tiempo de preparación: 10 minutos

Tiempo de cocción: 20 minutos

Porciones: 2

Ingredientes:

- 1 cucharadita de aceite de oliva extra virgen

- 1 cebolla pequeña, en rodajas

- 2 puerros (sólo blancos), cortados en rodajas finas

- 3 dientes de ajo, picados

- Pechuga de pollo deshuesada y sin piel de 1 libra, cortada en tiras de 1/2 pulgada de ancho y 2 pulgadas de largo.

- 2 tomates grandes, picados

- 1 pimiento rojo, en rodajas

- 2/3 taza de arroz integral de grano largo

- 1 cucharadita de estragón, o para probar

- 2 tazas de caldo de pollo sin grasa y sin sal.

- 1 taza de guisantes congelados

- 1/4 de taza de perejil fresco picado

- 1 limón, cortado en 4 trozos

Instrucciones:

1. Precalentar una sartén antiadherente con aceite de oliva a fuego medio. Añada puerros, cebollas, tiras de pollo y ajo. Saltee durante 5 minutos. Añada las rebanadas de pimiento rojo y los tomates. Revuelva y cocine por 5 minutos.

2. Añade el estragón, el caldo y el arroz. Déjelo hervir y luego reduzca el fuego a fuego lento. Continúe cocinando por 10 minutos, luego agregue los guisantes y continúe cocinando hasta que el líquido esté completamente cocido. Adorne con perejil y limón. Servir.

Nutrición:

Calorías 388

Grasa 15,2 g

Sodio 572 mg

Carbohidratos 5,4 g

Proteína 27 g

Pollo y pasta del suroeste

Tiempo de preparación: 10 minutos

Tiempo de cocción: 10 minutos

Porciones: 2

Ingredientes:

- 1 taza de rigatoni de trigo integral sin cocer.

- 2 pechugas de pollo, cortadas en cubos

- 1/4 de taza de salsa

- 1 1/2 tazas de salsa de tomate sin sal enlatada

- 1/8 cucharadita de ajo en polvo

- 1 cucharadita de comino

- 1/2 cucharadita de chile en polvo

- 1/2 taza de frijoles negros en lata, escurridos

- 1/2 taza de maíz fresco

- 1/4 de taza de queso Monterey Jack y Colby, rallado

Instrucciones:

1. Llenar una olla con agua hasta ¾ llena y hervirla.
   Añade la pasta para cocinarla hasta que esté al dente,
   luego escúrrela mientras la enjuagas con agua fría.

Precalentar una sartén con aceite de cocina, luego cocinar el pollo durante 10 minutos hasta que se dore por ambos lados.

2. Añade salsa de tomate, salsa, comino, ajo en polvo, judías negras, maíz y chile en polvo. Cocine la mezcla mientras se remueve, luego agregue la pasta. Servir con 2 cucharadas de queso encima. Disfrutad.

Nutrición: Calorías 245 Grasa 16,3 g Sodio 515 mg Carbohidratos 19,3 g Proteína 33,3 g

Pechugas de pollo rellenas

Tiempo de preparación: 15 minutos

Hora de cocinar: 30 minutos

Porciones: 4

Ingredientes:

- 3 cucharadas de pasas sin semillas

- 1/2 taza de cebolla picada

- 1/2 taza de apio picado

- 1/4 cucharadita de ajo, picado

- 1 hoja de laurel

- 1 taza de manzana con cáscara, picada

- 2 cucharadas de castañas de agua picadas

- 4 mitades grandes de pechuga de pollo, 5 onzas cada una.

- 1 cucharada de aceite de oliva

- 1 taza de leche sin grasa

- 1 cucharadita de polvo de curry

- 2 cucharadas de harina para todo uso (normal)

- 1 limón, cortado en 4 trozos

Instrucciones:

1. Ponga el horno a calentar a 425 grados F. Engrase una bandeja de hornear con aceite de cocina. Remoje las pasas en agua caliente hasta que se hinchen. Engrasar una sartén caliente con spray de cocina.

2. Añade apio, ajo, cebollas y laurel. Saltear durante 5 minutos. Descarte la hoja de laurel, y luego agregue las manzanas. Revuelva y cocine durante 2 minutos. Escurrir las pasas remojadas y secarlas para eliminar el exceso de agua.

3. Añade pasas y castañas de agua a la mezcla de manzanas. Separa la piel del pollo y rellena la mezcla de manzanas y pasas entre la piel y el pollo. Precalentar el aceite de oliva en otra sartén y chamuscar las pechugas durante 5 minutos por cada lado.

4. Coloca las pechugas de pollo en la bandeja de hornear y cubre el plato. Hornee durante 15 minutos hasta que la temperatura alcance los 165 grados F. Prepare la salsa mezclando la leche, la harina y el polvo de curry en una cacerola.

5. Revuelva hasta que la mezcla se espese, unos 5 minutos. Vierta esta salsa sobre el pollo horneado. Hornee de nuevo en el plato cubierto durante 10 minutos. Sirva.

Nutrición:

Calorías 357

Grasa 32,7 g

Sodio 277 mg

Carbohidratos 17,7 g

Proteína 31,2 g

Buffalo Chicken Salad Wrap

Tiempo de preparación: 10 minutos

Tiempo de cocción: 10 minutos

Porciones: 4

Ingredientes:

- 3-4 onzas de pechugas de pollo

- 2 pimientos chipotle enteros

- 1/4 de taza de vinagre de vino blanco

- 1/4 de taza de mayonesa baja en calorías

- 2 tallos de apio, cortados en cubos

- 2 zanahorias, cortadas en fósforos

- 1 cebolla amarilla pequeña, cortada en cubos

- 1/2 taza de colinabo en rodajas finas u otro vegetal de raíz

- 4 onzas de espinacas, cortadas en tiras

- 2 tortillas integrales (12 pulgadas de diámetro)

Instrucciones:

1. Ponga el horno o la parrilla a calentar a 375 grados F. Hornee primero el pollo durante 10 minutos por cada

lado. Licuar los pimientos chipotle con mayonesa y vinagre de vino en la licuadora. Cortar el pollo horneado en cubos o pequeños trozos.

2. Mezcla la mezcla de chipotle con todos los ingredientes excepto las tortillas y las espinacas. Esparce 2 onzas de espinacas sobre la tortilla y pon el relleno encima. Envuelve la tortilla y córtala por la mitad. Sírvela.

Nutrición:

Calorías 300

Grasa 16,4 g

Sodio 471 mg

Carbohidratos 8,7 g

Proteína 38,5 g

Chicken Sliders

Tiempo de preparación: 10 minutos

Tiempo de cocción: 10 minutos

Porciones: 4

Ingredientes:

- 10 onzas de pechuga de pollo molida

- 1 cucharada de pimienta negra

- 1 cucharada de ajo picado

- 1 cucharada de vinagre balsámico

- 1/2 taza de cebolla picada

- 1 pimiento fresco picado

- 1 cucharada de semillas de hinojo, trituradas

- 4 panecillos de trigo integral

- 4 hojas de lechuga

- 4 rodajas de tomate

Instrucciones:

1. Combina todos los ingredientes excepto los panecillos de trigo, el tomate y la lechuga. Mezclar bien y

refrigerar la mezcla durante 1 hora. Dividir la mezcla en 4 hamburguesas.

2. Asa estas hamburguesas en una bandeja de horno engrasada hasta que se doren. Coloca las hamburguesas de pollo en los panecillos de trigo junto con la lechuga y el tomate. Sírvalos.

Nutrición:

Calorías 224

Grasa 4,5 g

Sodio 212 mg

Carbohidratos 10,2 g

Proteína 67,4 g

Chili de pollo blanco

Tiempo de preparación: 20 minutos

Tiempo de cocción: 15 minutos

Porciones: 4

Ingredientes:

- 1 lata de pollo blanco en trozos

- 2 latas de frijoles blancos bajos en sodio, escurridos

- 1 lata de tomates en dados bajos en sodio

- 4 tazas de caldo de pollo bajo en sodio

- 1 cebolla mediana, picada

- 1/2 pimiento verde mediano, picado

- 1 pimiento rojo mediano, picado

- 2 dientes de ajo, picados

- 2 cucharaditas de chile en polvo

- 1 cucharadita de comino molido

- 1 cucharadita de orégano seco

- Pimienta de cayena, a gusto

- 8 cucharadas de queso Monterey Jack desmenuzado y reducido en grasas.

- 3 cucharadas de cilantro fresco picado

Instrucciones:

1. En una olla de sopa, agregue frijoles, tomates, pollo y caldo de pollo. Cubrir esta olla de sopa y dejarla hervir a fuego medio. Mientras tanto, engrasar una olla antiadherente con spray de cocina. Añada pimientos, ajo y cebollas. Saltee durante 5 minutos hasta que estén suaves.

2. Transfiera la mezcla a la olla de sopa. Añade comino, chile en polvo, pimienta de cayena y orégano. Cocine por 10 minutos, luego adorne el chile con cilantro y una cucharada de queso. Servir.

Nutrición:

Calorías 225

Grasa 12,9 g

Sodio 480 mg

Carbohidratos 24,7 g

Proteína 25.3g

Pastel de carne de patata dulce y pavo

Tiempo de preparación: 15 minutos

Tiempo de cocción: 25 minutos

Porciones: 4

Ingredientes:

- 1 batata grande, pelada y cortada en cubos

- 1 libra de pavo molido (pechuga)

- 1 huevo grande

- 1 cebolla dulce pequeña, finamente picada

- 2 dientes de ajo, picados

- 2 rebanadas de pan integral, migajas

- ¼ taza de salsa barbacoa de miel

- ¼ taza de ketchup

- 2 cucharadas de mostaza de Dijon

- 1 cucharada de pimienta fresca molida

- ½ Cucharada de sal

Instrucciones:

1. Calentar el horno a 350 F. Engrasar una fuente para hornear. En una olla grande, hervir una taza de agua ligeramente salada, añadir la batata. Cocine hasta que esté tierno. Escurrir el agua. Triturar la patata.

2. Mezcla la salsa barbacoa de miel, el ketchup y la mostaza de Dijon en un pequeño tazón. Mezcla bien. En un bol grande, mezclar el pavo y el huevo. Añade la cebolla dulce, el ajo. Vierta las salsas combinadas. Añade el pan rallado. Sazonar la mezcla con sal y pimienta.

3. Añade la batata. Combínelo bien con sus manos. Si la mezcla se siente húmeda, agregue más pan rallado. Conforma la mezcla en un pan. Colóquelo en el molde de pan. Hornee de 25 a 35 minutos hasta que la carne esté bien cocida. Ase durante 5 minutos. Rebana y sirve.

Nutrición:

Calorías - 133

Proteína - 85g

Hidratos de carbono - 50g

Grasa - 34g

Sodio - 202mg

Pollo Oaxaqueño

Tiempo de preparación: 15 minutos
Tiempo de cocción: 28 minutos
Porciones: 2
Ingredientes:

- 1 pechuga de pollo de 4 onzas, sin piel y cortada por la mitad
- ½ taza de arroz de grano largo sin cocer
- 1 cucharadita de aceite de oliva extra virgen
- ½ taza de salsa baja en sodio
- ½ taza de caldo de pollo, mezclado con 2 cucharadas de agua
- ¾ taza de zanahorias bebé
- 2 cucharadas de aceitunas verdes, sin hueso y picadas
- 2 cucharadas de pasas de uva oscuras
- ½ cucharadita de canela molida
- 2 cucharadas de cilantro o perejil fresco, picado grueso

Instrucciones:

1. Calienta el horno a 350 F. En una cacerola grande que puede ir en el horno, calienta el aceite de oliva. Añade el arroz. Saltee el arroz hasta que empiece a reventar, aproximadamente 2 minutos.

2. Añade la salsa, zanahorias pequeñas, aceitunas verdes, pasas oscuras, pechuga de pollo cortada por la mitad, caldo de pollo y canela molida. Ponga la mezcla a hervir a fuego lento, revuelva una vez.

3. Cubrir la mezcla con fuerza, hornear en el horno hasta que el caldo de pollo se haya absorbido completamente, aproximadamente 25 minutos. Espolvorea cilantro o perejil fresco, mezcla. Servir inmediatamente.

Nutrición:

Calorías - 143

Proteína - 102g

Hidratos de carbono - 66g

Grasa - 18g

Sodio - 97mg

Pollo picante con cuscús de menta

Tiempo de preparación: 15 minutos

Tiempo de cocción: 25 minutos

Porciones: 2

Ingredientes:

- 2 pechugas de pollo pequeñas, en rodajas

- 1 pimiento rojo, finamente picado

- 1 diente de ajo, aplastado

- raíz de jengibre, de 2 cm de largo pelada y rallada

- 1 cucharadita de comino molido

- ½ cucharadita de cúrcuma

- 2 cucharadas de aceite de oliva extra virgen

- 1 pizca de sal marina

- ¾ taza de cuscús

- Un pequeño grupo de hojas de menta, finamente picadas

- 2 limones, rallar la corteza y exprimirlos

Instrucciones:

1. En un bol grande, coloca las rebanadas de pechuga de pollo y el chile picado. Espolvorear con el ajo machacado, jengibre, comino, cúrcuma y una pizca de sal. Añade la cáscara rallada de ambos limones y el jugo de un limón. Vierta una cucharada de aceite de oliva sobre el pollo y cúbralo uniformemente.

2. Cubre el plato con plástico y refrigéralo dentro de una hora. Después de 1 hora, cubra una sartén con aceite de oliva y fría el pollo. Mientras se cocina el pollo, vierta el cuscús en un bol y vierta agua caliente sobre él, deje que absorba el agua (aproximadamente 5 minutos).

3. Esparce el cuscús. Añade un poco de menta picada, la otra cucharada de aceite de oliva y el jugo del segundo limón. Cubrir el cuscús con el pollo. Adorne con menta picada. Servir inmediatamente.

Nutrición:

Calorías - 166

Proteína - 106g

Hidratos de carbono - 52g

Azúcares - 0.1g

Grasa - 17g

Sodio - 108mg

Pollo, Pasta y Guisantes Nevados

Tiempo de preparación: 15 minutos

Tiempo de cocción: 20 minutos

Porciones: 2

Ingredientes:

- Pechugas de pollo de una libra

- 2 ½ tazas de pasta penne

- 1 taza de guisantes, cortados a la mitad.

- 1 cucharadita de aceite de oliva

- 1 frasco estándar de salsa para pasta de tomate y albahaca

- Pimienta fresca molida

Instrucciones:

1. En una sartén mediana, calienta el aceite de oliva. Saborea las pechugas de pollo con sal y pimienta. Cocina las pechugas de pollo hasta que estén bien cocidas (aproximadamente 5 - 7 minutos por cada lado).

2. Cocine la pasta, como se indica en las instrucciones del paquete. Cocine los guisantes con la pasta. Toma una

taza de agua de la pasta. Escurra la pasta y los guisantes, déjelos a un lado.

3. Una vez que el pollo esté cocinado, córtalo en diagonal. Devuelve el pollo a la sartén. Añade la salsa para pasta. Si la mezcla parece seca, añada un poco de agua para la pasta hasta que tenga la consistencia deseada. Caliente, luego divídalo en tazones. Servir inmediatamente.

Nutrición:

Calorías - 140

Proteína - 34g

Hidratos de carbono - 52g

Grasa - 17g

Sodio - 118mg

Pollo con fideos

Tiempo de preparación: 15 minutos

Hora de cocinar: 30 minutos

Porciones: 6

Ingredientes:

- 4 pechugas de pollo, sin piel, sin huesos
- 1 libra de pasta (cabello de ángel, o linguine, o ramen)
- ½ cucharadita de aceite de sésamo
- 1 cucharada de aceite de canola
- 2 cucharadas de pasta de chile
- 1 cebolla, cortada en cubitos
- 2 dientes de ajo, cortados en trozos grandes.
- ½ taza de salsa de soja
- ½ col mediana, en rodajas
- 2 zanahorias, cortadas en trozos grandes

Instrucciones:

1. Cocina tu pasta en una olla grande. Mezcla el aceite de canola, el aceite de sésamo y la pasta de chile y caliéntala durante 25 segundos en una olla grande.

Añada la cebolla y cocine durante 2 minutos. Poner el ajo y freírlo en 20 segundos. Añade el pollo y cocina de cada lado de 5 a 7 minutos, hasta que esté bien cocido.

2. Retira la mezcla de la sartén, déjala a un lado. Añade el repollo, las zanahorias y cocina hasta que las verduras estén tiernas. Vierta todo de nuevo en la sartén. Añade los fideos. Vierta la salsa de soja y mezcle bien. Calentar durante 5 minutos. Servir inmediatamente.

Nutrición:

Calorías - 110

Proteína - 30g

Hidratos de carbono - 32g

Azúcares - 0.1g

Grasa - 18g

Sodio - 121mg

CPSIA information can be obtained
at www.ICGtesting.com
Printed in the USA
BVHW052028120421
604748BV00001B/125